中国人民政治协商会议章程

人 民 出 版 社

目　　录

员会第三次会议通过的《中国人民政治协商会议章程修正案》、2004 年 3 月 12 日中国人民政治协商会议第十届全国委员会第二次会议通过的《中国人民政治协商会议章程修正案》、2018 年 3 月 15 日中国人民政治协商会议第十三届全国委员会第一次会议通过的《中国人民政治协商会议章程修正案》和 2023 年 3 月 11 日中国人民政治协商会议第十四届全国委员会第一次会议通过的《中国人民政治协商会议章程修正案》修订）

中国人民政治协商会议第十四届全国委员会第一次会议关于中国人民政治协商会议章程修正案的决议

（2023 年 3 月 11 日政协第十四届全国委员会第一次会议通过）

中国人民政治协商会议第十四届全国委员会第一次会议审议并通过政协第十三届全国委员会常务委员会提出的《中国人民政治协商会议章程（修正案）》，决定这一修正案自公布之日起生效。

会议认为，对政协章程进行适当修改，是贯彻中共中央决策部署的实际行动和重要举措。政协章程的修改，坚持以习近平新时代中国特色社会主义思想为指导,坚持中共中央集中统一领导,充分体现中共二十大提出的重要思想、重要观点、重大战略、重大举措,反映自 2018 年修改政协章程特别是中央政协工作会议以来人民政协事业创新发展的重要成果,对于坚持中国共产党的全面领导,坚持和完善中国共产党领导的多党合作和政治协商制度,把人民政协制度坚持好、把人民政协事业发展好,具有重要意义。

会议认为,人民政协作为中国共产党领导的政治组织和民主形式,必须旗帜鲜明讲政治。会议同意,把中共十九大以来习近平新时代中国特色社会主义思想新发展写入章程,增写坚持中国共产党的全面领导,增强"四个意识"、坚定"四个自信"、做到"两个维护"等内容。充实这些内容,反映了参加人民政协的各党派团体、各族各界人士的共同意愿,对于夯实团结奋斗的共同思想政治基础,坚持中国特色社会主义政治发展道路,把人民政协事业不断推向前进,具有重大意义。会议要求人民政协各级组织和参加人民政协的各党派团体、各族各界人士深刻领悟"两个确立"的决定性意义,全面贯彻习近平新时代中国特色社会主义思想,深入贯彻习近平总书记关于加强和改进人民政协工作的重要思想,共同落实以习近平同志为核心的中共中央对人民政协的领导和对人民政协工作的各项要求。

会议认为,中共二十大提出以中国式现代化全面推进中华民族伟大复兴,并将此确定为新时代新征程中国共产党的中心任务。会议同意,政协章程据此作出相应修改,增写以中国式现代化全面推进中华民族伟大复兴、为实现第二个百年奋斗目标而团结奋斗等内容。充实这些内容,有利于人民政协紧扣"五位一体"总体布局和"四个全面"战略布局履职尽责,为党和国家事业发展广泛凝心聚力。

会议认为,做好人民政协工作,必须准确把握人民政协性质定位,把人民政协制度优势转化为国家治理效能。中共十九大以来,以习近平同志为核心的中共中央进一步加强对人民政协工作的全面领导,就加强和改进人民政协工作提出一系列新要求、作出一系列新部署,为新时代人民政协事业发展提供了根本遵循。会议同意，在政协章程中充实人民政协是我国政治生活中发扬社会主义民主、实践全过程人民民主的重要形式，坚持中国共产党领导、统一战线、协商民主有机结合，坚持围绕中心、服务大局，坚持发扬民主和增进团结相互贯通、建言资政和凝聚共识双向发力，发挥专门协商机构作用，把加强思想政治引领、广泛凝聚共识贯穿履职工作之中等内容。充实这些内容，秉承历史传统、反映时代特征，有利于人民政协在依照宪法法律和政协章程准确定位的基础上，提高政治协商、民主监督、参政议政水平，更好凝聚共识，在践行全过程人民民主、增进大团结大联合、推进国家治理体系和治理能力现代化中发挥积极作用。

会议认为，统一战线是凝聚人心、汇聚力量的强大法宝。会议同意，在政协章程中增写加强海内外中华儿女大团结，坚定不移走中国特色解决民族问题的正确道路，落实"爱国者治港"、"爱国者治澳"原则等内容。这有利于人民政协发挥统一战线组织功能，把握团结奋斗的时代要求，积极促进政党关系、民族关系、宗教关系、阶层关系、海内外同胞关系和谐,更好围绕实现中华民族伟大复兴中国梦一起来想、一起来干。

会议认为,政协委员是人民政协工作的主体。会议同意,在政协章程中丰富委员学习内容,增写坚持为国履职、为民尽责等内容。这有利于加强履职能力建设,落实好"懂政协、会协商、善议政,守纪律、讲规矩、重品行"的要求,进一步强化委员责任担当。

会议要求,人民政协各级组织、各参加单位和广大政协委员,要更加紧密地团结在以习近平同志为核心的中共中央周围,以习近平新时代中国特色社会主义思想为指导,深入学习贯彻中共二十大精神,深刻领悟"两个确立"的决定性意义,增强"四个意识"、坚定"四个自信"、做到"两个维护",自觉学习章程、遵守章程、贯彻章程、维护章程,有效履行职责,为全面建设社会主义现代化国家、全面推进中华民族伟大复兴贡献智慧和力量!

中国人民政治协商会议章程

（1982 年 12 月 11 日中国人民政治协商会议第五届全国委员会第五次会议通过　根据 1994 年 3 月 19 日中国人民政治协商会议第八届全国委员会第二次会议通过的《中国人民政治协商会议章程修正案》、2000 年 3 月 11 日中国人民政治协商会议第九届全国委员会第三次会议通过的《中国人民政治协商会议章程修正案》、2004 年 3 月 12 日中国人民政治协商会议第十届全国委员会第二次会议通过的《中国人民政治协商会议章程修正案》、2018 年 3 月 15 日中国人民政治协商会议第十三届全国委员会第一次会议通过的《中国人民政治协商会议章程修正案》和 2023 年 3 月 11 日中国

人民政治协商会议第十四届全国委员会
第一次会议通过的《中国人民政治协商
会议章程修正案》修订）

目　　录

总　　纲

　　中国人民在长期的革命、建设、改革进程中，结成了由中国共产党领导的、以工农联盟为基础的，有各民主党派、无党派人士、人民团体、少数民族人士和各界爱国人士参加的，由全体社会主义劳动者、社会主义事业的建设者、拥护社会主义的爱国者、拥护祖国统一和致力于中华民族伟大复兴的爱国者组成的，包括香港特别行政区同胞、澳门特别行政区同胞、台湾同胞和海外侨胞在内的最广泛的爱国统一战线。

　　中华人民共和国宪法规定：中国共产党领导的多党合作和政治协商制度将长期存在和发展。

　　中国人民政治协商会议是中国共产党把马克思列宁主义统一战线理论、政党理论、民主政治理论同中国具体实际相结合、同中华优秀传统文化相结合的伟大成果，是中国共产党领导各民主党派、无党派人士、人民团体和各族各界人士在政治制度上进行的伟大创造。

中国人民政治协商会议是中国人民爱国统一战线的组织，是中国共产党领导的多党合作和政治协商的重要机构，是我国政治生活中发扬社会主义民主、实践全过程人民民主的重要形式，是社会主义协商民主的重要渠道和专门协商机构，是国家治理体系的重要组成部分，是具有中国特色的制度安排。团结和民主是中国人民政治协商会议的两大主题。一九四九年九月，中国人民政治协商会议第一届全体会议代行全国人民代表大会的职权，代表全国人民的意志，宣告中华人民共和国的成立，发挥了重要的历史作用。一九五四年第一届全国人民代表大会召开后，中国人民政治协商会议继续在国家的政治生活和社会生活以及对外友好活动中进行了许多工作，作出了重要的贡献。一九七八年十二月中国共产党十一届三中全会以来，在拨乱反正、巩固和发展安定团结的政治局面，实现国家工作中心向经济建设转移，推进改革开放和社会主义现代化建设，争取实现包括台湾在内的祖国统一，反对霸权主义、维护世界和平的斗争中，中国人民政治协商会议进一步发挥了重要作用。

中华人民共和国成立以后，我国各族人民在中国共产党的领导下，消灭了剥削制度，建立了社会主义制度，推进社会主义建设，进行改革开放新的伟大革命，开辟了中国特色社会主义道路。我国社会阶级状况发生了根本的变化。工农联盟更加巩固。知识分子同工人、农民一样是社会主义事业的依靠力量。在人民革命、建设、改革事业中同中国共产党一道前进、一道经受考验并作出重要贡献的各民主党派，已经成为各自所联系的一部分社会主义劳动者、社会主义事业的建设者和拥护社会主义的爱国者的政治联盟，是接受中国共产党领导、同中国共产党通力合作的亲密友党，是中国共产党的好参谋、好帮手、好同事，是中国特色社会主义参政党，日益发挥其重要作用。全国各民族已经形成平等团结互助和谐的社会主义民族关系。宗教界的爱国人士积极参加祖国的社会主义建设。非公有制经济人士、新的社会阶层人士等是中国特色社会主义事业的建设者。香港特别行政区同胞、澳门特别行政区同胞、台湾同胞和海外侨胞热爱祖国，拥护祖国统一，支援祖国建设事业。国家事业不断发展，我国的爱国统一战线具有更强大的生命力，仍然是中国人民团结奋斗、建设祖国和统一祖国的一个重要法宝，它将更加巩固，更加发展。

二〇一二年十一月中国共产党第十八次全国代表大会以来，中国特色社会主义进入新时代，在新中国成立特别是改革开放以来长期努力的基础上，国家事业取得历史性成就、发生历史性变革，实现第一个百年奋斗目标，开启了实现第二个百年奋斗目标新征程。我们比历史上任何时期都更接近、更有信心和能力实现中华民族伟大复兴的目标。在现阶段，我国社会主要矛盾是人民日益增长的美好生活需要和不平衡不充分的发展之间的矛盾。但我国仍处于并将长期处于社会主义初级阶段的基本国情没有变，我国是世界最大发展中国家的国际地位没有变。由于国内的因素和国际的影响，我国人民同国内外的敌对势力和敌对分子的斗争还将是长期的,阶级斗争还将在一定范围内长期存在,但已经不是我国社会的主要矛盾。我国各族人民的根本任务是,在中国共产党的领导下,沿着中国特色社会主义道路,坚持社会主义初级阶段的基本路线,以经济建设为中心,坚持四项基本原则,坚持改革开放,自力更生,艰苦创业,把我国建设成为富强民主文明和谐美丽的社会主义现代化强国,以中国式现代化全面推进中华民族伟大复兴。中国人民政治协商会议要在马克思列宁主义、毛泽东思想、邓小平理论、"三个代表"重要思想、科学发展观、习近平新时代中国特色社会主义思想指引下,坚持中国共产党的全面领导,增强"四个意识"、坚定"四个自信"、做到"两个维护",高举爱国主义、社会主义旗帜,坚持大团结大联合,坚持一致性和多样性统一,在热爱中华人民共和国、拥护中国共产党的领导、拥护社会主义事业、共同致力于实现中华民族伟大复兴中国梦的政治基础上,进一步巩固和发展最广泛的爱国统一战线,加强海内外中华儿女大团结,调动一切积极因素,团结一切可能团结的人,找到最大公约数,画出最大同心圆,同心同德,群策群力,按照中国特色社会主义事业"五位一体"总体布局和"四个全面"战略布局,维护和发展安定团结的政治局面,不断促进社会主义物质文明、政治文明、精神文明、社会文明、生态文明的协调发展,为实现第二个百年奋斗目标、实现中华民族伟大复兴的中国梦而团结奋斗。

中国共产党领导的多党合作和政治协商制度是我国的一项基本政治制度,是具有中国特色的社会主义政党制度。中国人民政治协商会议是实行中国共产党领导的多党合作和政治协商制度的重要政治形式和组织形式。中国人民政治协商会议根据中国共产党同各民主党派和无党派人士长期共存、互相监督、肝胆相照、荣辱与共的方针,促进参加中国人民政治协商会议的各党派、无党派人士的团结合作,充分体现和发挥我国社会主义新型政党制度的特点和优势。

协商民主是我国社会主义民主政治的特有形式和独特优势。中国人民政治协商会议坚持中国共产党领导、统一战线、协商民主有机结合,坚持围绕中心、服务大局,坚持发扬民主和增进团结相互贯通、建言资政和凝聚共识双向发力,发挥专门协商机构作用,把协商民主贯穿履行职能全过程,在推动协商民主广泛多层制度化发展、推进国家治理体系和治理能力现代化中发挥不可替代的作用。

中国人民政治协商会议的一切活动以中华人民共和国宪法为根本的准则。

中国人民政治协商会议全国委员会和地方委员会,依法维护其参加单位和个人依照本章程履行职责的权利。

第一章　工作总则

第一条　中国人民政治协商会议全国委员会和地方委员会,依照中国人民政治协商会议章程进行工作。

第二条　中国人民政治协商会议全国委员会和地方委员会的工作原则是:坚持中国共产党领导,坚持人民政协性质定位,坚持大团结大联合,坚持发扬社会主义民主。

第三条　中国人民政治协商会议全国委员会和地方委员会的主要职能是政治协商、民主监督、参政议政，要把加强思想政治引领、广泛凝聚共识贯穿履职工作之中。

政治协商是对国家大政方针和地方的重要举措以及经济建设、政治建设、文化建设、社会建设、生态文明建设中的重要问题，在决策之前和决策实施之中进行协商。中国人民政治协商会议全国委员会和地方委员会可根据中国共产党、人民代表大会常务委员会、人民政府、民主党派、人民团体的提议，举行有各党派、团体的负责人和各族各界人士的代表参加的会议，进行协商，亦可建议上列单位将有关重要问题提交协商。

民主监督是对国家宪法、法律和法规的实施，重大方针政策、重大改革举措、重要决策部署的贯彻执行情况，涉及人民群众切身利益的实际问题解决落实情况，国家机关及其工作人员的工作等，通过提出意见、批评、建议的方式进行的协商式监督。

参政议政是对政治、经济、文化、社会生活和生态环境等方面的重要问题以及人民群众普遍关心的问题,开展调查研究,反映社情民意,进行协商讨论。通过调研报告、提案、建议案或其他形式,向中国共产党和国家机关提出意见和建议。

第四条 中国人民政治协商会议全国委员会和地方委员会应制定年度协商计划。专题议政性常务委员会会议议题、专题协商会议题及其他协商形式、监督形式的重要议题,应列入年度协商计划,做到协商议题和协商形式相匹配。要综合运用各种形式,集协商、监督、参与、合作于一体,完善以全体会议为龙头,以专题议政性常务委员会会议和专题协商会为重点,以协商座谈会、对口协商会、提案办理协商会等为常态的协商议政格局。

第五条 中国人民政治协商会议全国委员会和地方委员会贯彻中国共产党的基本理论、基本路线、基本方略,坚持以人民为中心的发展思想,坚持全面依法治国,宣传和执行国家的宪法、法律、法规和各项方针、政策,坚持总体国家安全观,推动社会力量积极参加社会主义物质文明、政治文明、精神文明、社会文明、生态文明的建设事业，更好满足人民日益增长的美好生活需要，更好推动人的全面发展、社会全面进步。

第六条　中国人民政治协商会议全国委员会和地方委员会坚持公有制为主体、多种所有制经济共同发展，按劳分配为主体、多种分配方式并存，社会主义市场经济体制等基本经济制度。毫不动摇地巩固和发展公有制经济，毫不动摇地鼓励、支持、引导非公有制经济发展。把握新发展阶段，贯彻创新、协调、绿色、开放、共享的新发展理念，加快构建以国内大循环为主体、国内国际双循环相互促进的新发展格局，推动高质量发展，建设现代化经济体系，发挥市场在资源配置中的决定性作用，更好发挥政府作用，促进社会生产力的解放和发展，逐步实现全体人民共同富裕。

第七条　中国人民政治协商会议全国委员会和地方委员会密切联系各方面人士，反映他们及其所联系的群众的意见和要求，对国家机关和国家工作人员的工作提出建议和批评，协助国家机关进行机构改革和体制改革，改进工作，提高工作效率,克服形式主义、官僚主义、享乐主义和奢靡之风,反对特权思想和特权现象,加强廉政建设。

第八条 中国人民政治协商会议全国委员会和地方委员会调整和处理统一战线各方面的关系和中国人民政治协商会议内部合作的重要事项。

第九条 中国人民政治协商会议全国委员会和地方委员会坚持中国特色社会主义文化发展道路,通过各种形式,传承和弘扬中华优秀传统文化,继承革命文化,发展社会主义先进文化,弘扬民族精神和时代精神,培育和践行社会主义核心价值观,开展爱祖国、爱人民、爱劳动、爱科学、爱社会主义的公德以及革命的理想、道德和纪律的宣传教育工作。

第十条 中国人民政治协商会议全国委员会和地方委员会坚持发展科学、繁荣文化的百花齐放、百家争鸣的方针,密切联系国家机关和其他有关组织,在政治、法治、经济、农业农村、社会、教育、科学技术、文化艺术、新闻出版、医药卫生、体育、资源环境等方面开展调查研究等活动,广开言路,广开才路,充分发挥委员的专长和作用。

中国人民政治协商会议全国委员会和地方委员会推动和协助社会力量兴办各种有利于中国特色社会主义建设的事业。

第十一条 中国人民政治协商会议全国委员会和地方委员会组织委员视察、考察和调查,了解情况,就各项事业和群众生活的重要问题进行研究,通过建议案、提案、社情民意信息和其他形式向国家机关和其他有关组织提出建议和批评。

第十二条 中国人民政治协商会议全国委员会和地方委员会推动委员自觉学习马克思列宁主义、毛泽东思想、邓小平理论、"三个代表"重要思想、科学发展观、习近平新时代中国特色社会主义思想,组织学习时事政治,学习中共党史、新中国史、改革开放史、社会主义发展史,学习交流业务和科学技术知识,增强政治把握能力、调查研究能力、联系群众能力、合作共事能力。

第十三条 中国人民政治协商会议全国委员会和地方委员会宣传和参与贯彻执行国家关于统一祖国的方针政策,积极开展同台湾同胞和各界人士的联系,坚决反对一切分裂国家的活动,促进祖国统一大业的实现。

全面准确、坚定不移贯彻"一国两制"、"港人治港"、"澳人治澳"、高度自治的方针,严格依照宪法和基本法办事,落实"爱国者治港"、"爱国者治澳"原则,加强同香港特别行政区同胞、澳门特别行政区同胞的联系和团结,鼓励他们为保持香港、澳门长期繁荣稳定,为建设祖国和统一祖国作出贡献。

第十四条 中国人民政治协商会议全国委员会和地方委员会宣传和协助贯彻执行国家的科教兴国战略、人才强国战略、创新驱动发展战略和知识分子政策,尊重劳动、尊重知识、尊重人才、尊重创造,以利于充分发挥各类人才和知识分子在社会主义现代化建设中的作用。

第十五条 中国人民政治协商会议全国委员会和地方委员会宣传和协助贯彻执行国家的民族政策,坚定不移走中国特色解决民族问题的正确道路,坚持和完善民族区域自治制度,反映少数民族的意见和要求,促进发展民族地区的经济、文化、社会和生态保护事业,维护少数民族的合法权利和利益,深化民族团结进步教育,铸牢中华民族共同体意识,加强各民族交往交流交融,巩固和发展平等团结互助和谐的社会主义民族关系,为促进各民族共同团结奋斗、共同繁荣发展,增进各族人民的大团结和维护祖国的统一贡献力量。

第十六条 中国人民政治协商会议全国委员会和地方委员会宣传和协助贯彻执行国家的宗教信仰自由政策,支持政府依法管理宗教事务,坚持独立自主自办的原则,积极引导宗教与社会主义社会相适应,坚持我国宗教中国化方向,团结宗教界爱国人士和宗教信仰者为祖国的建设和统一贡献力量。

第十七条 中国人民政治协商会议全国委员会和地方委员会宣传和协助贯彻执行国家的侨务政策,加强同归侨、侨眷和海外侨胞的联系和团结,鼓励他们为祖国的建设事业和统一祖国的大业作出贡献。

第十八条 中国人民政治协商会议全国委员会和地方委员会宣传和协助贯彻执行国家的外交政策,根据具体情况,积极主动地开展人民外交活动,加强同各国人民的友好往来和合作,弘扬和平、发展、公平、正义、民主、自由的全人类共同价值,推动构建人类命运共同体。

第十九条 中国人民政治协商会议全国委员会和地方委员会根据统一战线组织的特点进行关于中国近代以来文史资料的征集、研究和出版工作。

第二十条 中国人民政治协商会议全国委员会加强同地方委员会的联系,沟通情况,交流经验,指导工作,研究地方委员会带共同性的问题。

第二章 组织总则

第二十一条 中国人民政治协商会议设全国委员会和地方委员会。

中国人民政治协商会议全国委员会对地方委员会的关系和地方委员会对下级地方委员会的关系是指导关系。

第二十二条 中国人民政治协商会议全国委员会由中国共产党、各民主党派、无党派人士、人民团体、各少数民族和各界的代表,香港特别行政区同胞、澳门特别行政区同胞、台湾同胞和归国侨胞的代表以及特别邀请的人士组成,设若干界别。

中国人民政治协商会议地方委员会的组成,根据当地情况,参照全国委员会的组成决定。

第二十三条 凡赞成本章程的党派和团体,经中国人民政治协商会议全国委员会常务委员会协商同意,得参加中国人民政治协商会议全国委员会。参加地方委员会者,由各级地方委员会按照本条上述规定办理。

第二十四条 参加中国人民政治协商会议全国委员会或地方委员会的单位和个人,都有遵守和履行本章程的义务。

第二十五条 中国人民政治协商会议地方委员会对全国委员会的全国性的决议,下级地方委员会对上级地方委员会的全地区性的决议,都有遵守和履行的义务。

第二十六条 中国人民政治协商会议全国委员会和地方委员会全体会议的议案,应经全体委员过半数通过。常务委员会的议案,应经常务委员会全体组成人员过半数通过。各参加单位和个人对会议的决议,都有遵守和履行的义务。如有不同意见,在坚决执行的前提下可以声明保留。

第二十七条　参加中国人民政治协商会议全国委员会和地方委员会的单位和个人,有通过本会会议和组织充分发表各种意见、参加讨论国家大政方针和各该地方重大事务的权利,对国家机关和国家工作人员的工作提出建议和批评的权利,以及对违纪违法行为检举揭发的权利,参加有关部门组织的调查和检查活动。

第二十八条　参加中国人民政治协商会议全国委员会和地方委员会的单位和个人,有声明退出的自由。

第二十九条　参加中国人民政治协商会议全国委员会和地方委员会的单位和个人,如果严重违反中国人民政治协商会议章程或全体会议和常务委员会的决议,由全国委员会常务委员会或地方委员会常务委员会分别依据情节给予警告处分,或撤销其参加中国人民政治协商会议全国委员会或地方委员会的资格。

受警告处分或撤销参加资格的单位或个人，如果不服，可以请求复议。

第三章　委　　员

第三十条　中国人民政治协商会议全国委员会委员和地方委员会委员应热爱祖国，拥护中国共产党的领导和社会主义事业，维护民族团结和国家统一，遵守国家的宪法和法律，保守国家秘密，廉洁自律，在本界别中有代表性，有社会影响和参政议政能力。

第三十一条　中国人民政治协商会议全国委员会委员经相关程序后，须由中国人民政治协商会议全国委员会常务委员会协商决定。地方委员会委员经相关程序后，须由各级地方委员会常务委员会协商决定。

第三十二条　中国人民政治协商会议全国委员会委员和地方委员会委员应当依照本章程积极履行职责，认真行使权利。

第三十三条　中国人民政治协商会议全国委

员会委员和地方委员会委员,在本会会议上有表决权、选举权和被选举权;有对本会工作提出意见、批评、建议的权利。

第三十四条　中国人民政治协商会议全国委员会委员和地方委员会委员要坚持为国履职、为民尽责,密切联系群众,了解和反映他们的愿望和要求,参加本会组织的会议和活动。

第三十五条　中国人民政治协商会议全国委员会委员和地方委员会委员应当正确处理个人职业活动与履行职责的关系,不得利用委员身份牟取个人、小团体和特定关系人的利益。

第三十六条　中国人民政治协商会议全国委员会和地方委员会应当加强委员履职管理,建立委员履职档案,采取适当方式通报履职情况。

第三十七条　对严重损害国家和人民利益的,因严重违纪违法被给予组织处理、处分或被判刑以及涉嫌违纪违法正在接受调查处理的,在身份上弄虚作假的等,不得提名或继续提名为委员人选。

第三十八条　因工作变动或其他原因不宜继

续担任委员的,本人应当辞去委员。对违反社会道德或存在与委员身份不符行为的,应当及时约谈或函询,经提醒仍不改正的,应当责令其辞去委员。

第三十九条　对违纪违法的委员,中国人民政治协商会议全国委员会常务委员会或地方委员会常务委员会应当依照法律和有关规定作出相应处理。常务委员会组成人员违纪违法的,可由常务委员会依照法律和有关规定作出处理决定,针对不同情形,相关处理决定待召开全体会议予以追认。

第四章　全国委员会

第四十条　每届中国人民政治协商会议全国委员会的参加单位、委员名额和人选及界别设置,经上届全国委员会主席会议审议同意后,由常务委员会协商决定。

每届全国委员会任期内,有必要增加或者变更参加单位、委员名额和决定人选时,经本届主席会议审议同意后,由常务委员会协商决定。

第四十一条　中国人民政治协商会议全国委员会每届任期五年。如遇非常情况,由常务委员会以全体组成人员的三分之二以上的多数通过,得延长任期。

第四十二条　中国人民政治协商会议全国委员会设主席,副主席若干人和秘书长。

第四十三条　中国人民政治协商会议全国委员会全体会议每年举行一次。常务委员会认为必要时,得临时召集。

第四十四条　中国人民政治协商会议全国委员会全体会议行使下列职权:

(一)修改中国人民政治协商会议章程,监督章程的实施;

(二)选举全国委员会的主席、副主席、秘书长和常务委员,决定常务委员会组成人员的增加或者变更;

(三)协商讨论国家的大政方针以及经济建设、政治建设、文化建设、社会建设、生态文明建设中的重要问题,提出建议和批评;

（四）听取和审议常务委员会的工作报告、提案工作情况报告和其他报告；

（五）讨论本会重大工作原则、任务并作出决议。

第四十五条 中国人民政治协商会议全国委员会设常务委员会主持会务。

常务委员会由全国委员会主席、副主席、秘书长和常务委员组成，其候选人由参加中国人民政治协商会议全国委员会的各党派、团体、各民族和各界人士协商提名，经全国委员会全体会议选举产生。

常务委员会每年至少举行两次专题议政性会议。

第四十六条 中国人民政治协商会议全国委员会常务委员会行使下列职权：

（一）解释中国人民政治协商会议章程，监督章程的实施；

（二）召集并主持中国人民政治协商会议全国委员会全体会议；每届第一次全体会议前召开全体委员参加的预备会议，选举第一次全体会议

主席团,由主席团主持第一次全体会议;

（三）组织实现中国人民政治协商会议章程规定的任务;

（四）执行全国委员会全体会议的决议;

（五）全国委员会全体会议闭会期间,审查通过提交全国人民代表大会及其常务委员会或国务院的重要建议案;

（六）协商决定全国委员会委员;

（七）根据秘书长的提议,任免中国人民政治协商会议全国委员会副秘书长;

（八）决定中国人民政治协商会议全国委员会工作机构的设置和变动,并任免其领导成员。

第四十七条　中国人民政治协商会议全国委员会主席主持常务委员会的工作。副主席、秘书长协助主席工作。

主席、副主席、秘书长组成主席会议,处理常务委员会的重要日常工作。

主席会议受常务委员会的委托,主持下一届第一次全体会议预备会议。

第四十八条　中国人民政治协商会议全国委

员会设副秘书长若干人,协助秘书长工作。设立办公厅,在秘书长领导下进行工作。

第四十九条　中国人民政治协商会议全国委员会根据工作需要,设立若干专门委员会及其他工作机构。专门委员会在常务委员会和主席会议领导下进行工作,发挥基础性作用。

第五章　地方委员会

第五十条　省、自治区、直辖市设中国人民政治协商会议的省、自治区、直辖市委员会;自治州、设区的市、县、自治县、不设区的市和市辖区,凡有条件的地方,均可设立中国人民政治协商会议各该地方的地方委员会。

第五十一条　每届中国人民政治协商会议地方委员会的参加单位、委员名额和人选及界别设置,经上届地方委员会主席会议审议同意后,由常务委员会协商决定。

每届地方委员会任期内,如有必要增加或者变更参加单位、委员名额和决定人选,经本届地方委员会主席会议审议同意后,由常务委员会协商决定。

第五十二条 中国人民政治协商会议各级地方委员会每届任期五年。

第五十三条 中国人民政治协商会议各级地方委员会设主席,副主席若干人和秘书长。

第五十四条 中国人民政治协商会议各级地方委员会的全体会议每年至少举行一次。

第五十五条 中国人民政治协商会议各级地方委员会全体会议行使下列职权:

(一)选举地方委员会的主席、副主席、秘书长和常务委员,决定常务委员会组成人员的增加或者变更;

(二)听取和审议常务委员会的工作报告、提案工作情况报告和其他报告;

(三)讨论并通过有关的决议;

(四)参与对国家和地方事务的重要问题的讨论,提出建议和批评。

第五十六条 中国人民政治协商会议各级地方委员会设常务委员会主持会务。

常务委员会由地方委员会主席、副主席、秘书长和常务委员组成,其候选人由参加各该地方委员会的各党派、团体、各民族和各界人士协商提名,经全体会议选举产生。

第五十七条　中国人民政治协商会议地方委员会常务委员会行使下列职权:

(一)召集并主持地方委员会全体会议;每届第一次全体会议前召开全体委员参加的预备会议,选举第一次全体会议主席团,由主席团主持第一次全体会议;

(二)组织实现中国人民政治协商会议章程规定的任务和全国委员会所作的全国性的决议以及上级地方委员会所作的全地区性的决议;

(三)执行地方委员会全体会议的决议;

(四)地方委员会全体会议闭会期间,审议通过提交同级地方人民代表大会及其常务委员会或人民政府的重要建议案;

(五)协商决定地方委员会委员;

(六)根据秘书长的提议,任免地方委员会的副秘书长;

（七）决定地方委员会工作机构的设置和变动，并任免其领导成员。

第五十八条　中国人民政治协商会议各级地方委员会的主席主持常务委员会的工作。副主席、秘书长协助主席工作。

主席、副主席、秘书长组成主席会议，处理常务委员会的重要日常工作。

主席会议受常务委员会的委托，主持下一届第一次全体会议预备会议。

第五十九条　中国人民政治协商会议各级地方委员会可以按照需要设副秘书长一人至数人，协助秘书长进行工作。

第六十条　省、自治区、直辖市的地方委员会设立办公厅，专门委员会及其他工作机构的设置，按照当地实际情况和工作需要，由常务委员会决定。

自治州、设区的市、县、自治县、不设区的市和市辖区的地方委员会的工作机构的设置，按照当地实际情况和工作需要，由常务委员会决定。

第六章　会　徽

　　第六十一条　中国人民政治协商会议会徽为一颗五角星、齿轮和麦穗、四面红旗和缎带、中国地图和地球、"1949"和"中国人民政治协商会议"组成的图案。

　　第六十二条　中国人民政治协商会议会徽中，一颗五角星表示中国共产党领导；齿轮和麦穗表示以工农联盟为基础；四面红旗和缎带表示各党派、各团体、各民族、各阶层的大团结大联合；中国地图和地球表示全国人民包括香港特别行政区同胞、澳门特别行政区同胞、台湾同胞和海外侨胞的团结；"1949"和"中国人民政治协商会议"分别为诞生时间、名称。

　　第六十三条　中国人民政治协商会议各参加单位和个人都要维护会徽的尊严。要按照规定制作和使用会徽。

图书在版编目（CIP）数据

中国人民政治协商会议章程. —北京：人民出版社，2023.4
ISBN 978－7－01－025603－0

Ⅰ.①中… Ⅱ. Ⅲ.①中国人民政治协商会议-章程
Ⅳ.①D627

中国国家版本馆 CIP 数据核字（2023）第 062392 号

中国人民政治协商会议章程
ZHONGGUO RENMIN ZHENGZHI XIESHANG HUIYI ZHANGCHENG

人民出版社 出版发行
（100706 北京市东城区隆福寺街 99 号）

北京新华印刷有限公司印刷 新华书店经销

2023 年 4 月第 1 版 2023 年 4 月北京第 1 次印刷
开本：635 毫米×927 毫米 1/16 印张：2.5
字数：17 千字

ISBN 978－7－01－025603－0 定价：6.50 元

邮购地址 100706 北京市东城区隆福寺街 99 号
人民东方图书销售中心 电话（010）65250042 65289539